AF509234

La Révolution en Russie

SOCIÉTÉ DES AMIS DU PEUPLE RUSSE
ET DES PEUPLES ANNEXÉS

LA
Révolution en Russie

DISCOURS

DE

CAMILLE PELLETAN

---

5 Décembre 1905

La Révolution en Russie

Allocution de FERDINAND BUISSON, Président

Citoyennes et Citoyens,

Vous savez pour quel objet nous sommes réunis.

Un vieux poëte de l'antiquité mettait dans la bouche d'un homme du peuple cette parole : rien de ce qui est humain ne m'est étranger. Cette parole-là, si elle n'avait pas été écrite il y a deux mille ans, pour un homme du peuple, la démocratie française aurait pu se l'approprier. Rien de ce qui est humain ne lui est étranger.

Et cela seul suffirait à expliquer l'affluence considérable d'auditeurs désireux d'entendre ce soir parler d'une des plus grandes, d'une des plus formidables tragédies dont l'humanité puisse nous donner le spectacle. Vous êtes venus pour en entendre parler, vous êtes venus pour vous en instruire, vous êtes venus pour vous faire par vous-mêmes une opinion, et l'homme à qui vous avez demandé d'être pour vous ce soir le professeur, l'historien, et en quelque mesure le théoricien et le prophète de la révolution russe, c'est Camille Pelletan, c'est vous dire que vous avez un bon maître et un guide sûr. *(Applaudissements.)*

Citoyens, les organisateurs de cette réunion m'ont fait le très grand honneur de m'appeler à la présider.

Cette présidence est une sinécure. Je me hâte de la déposer et de donner la parole à celui que vous venez entendre. La parole est au citoyen Camille Pelletan. (*Vifs applaudissements.*)

Discours de Camille PELLETAN

I. Les illusions sur la Russie.

Citoyennes et Citoyens,

Je n'ai nulle prétention d'être le professeur de personne ; je viens simplement vous convier, à la fois au nom des intérêts de la France, au nom des intérêts de la Russie, et par-dessus tout au nom de ces larges intérêts de l'humanité, dont nous ne pouvons pas séparer les intérêts étroits des nations, et que notre président mettait tout à l'heure sous le couvert de l'antiquité, avec tant de raison,   au nom de tous ces intérêts je viens vous convier à vous joindre à nous dans une manifestation contre les monstruosités qui se passent dans une partie de l'Europe, pour un appel à l'esprit de justice qui, seul, peut sauvegarder l'avenir.

Nous assistons à un spectacle historique véritablement extraordinaire, au milieu de la civilisation contemporaine. Il y avait là-bas, bien loin dans le nord, dans l'est de l'Europe, un pays qui était resté pour les conservateurs le paradis et le modèle de la vérité politique. Oh ! là, vous pouviez être tranquilles : l'esprit de la révolution n'avait pu pénétrer dans les institutions, et le pouvoir, l'autorité étaient établis sur des bases solides, et à ce qu'il semblait, inébranlables. D'un bout à l'autre de cet immense empire, qui d'un côté touchait aux frontières d'Allemagne, et de l'autre se prolongeait presque jusqu'à l'Amérique, d'un bout à l'autre de cet immense espace peuplé de plus de cent millions d'habitants, il n'y avait pas deux pensées, il n'y en avait qu'une : il n'y avait pas deux volontés, il n'y en avait qu'une ; il n'y avait pas deux droits, il n'y en avait qu'un : le principe monarchique subsistait dans ce qu'il a de plus absolu ; aucun être humain ne pouvait se dresser contre le bon plaisir du maître.

Et cette organisation parfaite, que nos réactionnaires regardaient avec envie et avec une tendresse qu'ils ne pouvaient pas cesser d'exprimer, elle se prolongeait dans tous les organes du gouvernement. Aucune garantie pour les sujets de ce maître tout-puissant; encore aujourd'hui, après les prétendues réformes libérales et bourgeoises, il arrive qu'un homme qui a des rentes, qui est tranquille chez lui, est écrivain : on le soupçonne ; sous un prétexte quelconque la police vient chez lui, et le lendemain il part avec sa femme, il est déporté en Sibérie, dans des pays affreux où l'on ne voit pas même la verdure d'un arbre, où il y a dix mois d'hiver sous un climat atroce ; il faut que la femme cherche elle-même la nourriture que vole en passant celui qui en est chargé : sans un tribunal, sans quoi que ce soit comme garantie, par acte administratif.

Il y avait là-bas des institutions admirables. C'est là que l'armée était forte ! Ah ! vous le savez bien, l'esprit libéral, l'esprit républicain désorganise les armées : mais là-bas, comment l'armée n'aurait-elle pas été admirablement organisée ? L'esprit civil ne pouvait pas s'en mêler ; aucun droit de critique : les soldats étaient courbés sous une loi de fer, et le maître et les états-majors pouvaient régler les institutions militaires comme ils l'entendaient, sans être troublés par personne.

Et puis, au-dessus de cet admirable édifice politique, il y avait Dieu, protecteur de la Russie, au nom duquel le Tsar parlait : pas d'impiété possible, l'édifice était théocratique en même temps que despotique. C'était si bien le sens du gouvernement russe que notre ami le tsar, quand il voulut nous témoigner plus particulièrement son amitié et nous faire un cadeau, comme il craignait notre impiété qui aurait pu mécontenter la Providence, n'a pas trouvé de plus beau présent à nous faire, que des cloches pour Notre-Dame... *(Rires et applaudissements.)*

Heureux pays, disait-on, et le représentant le plus autorisé de notre vieille noblesse historique, j'ai nommé

M. Arthur Meyer... (*Rires*).. nous montrait cet exemple comme celui qui devait assurer notre puissance.

Où pouvaient nous conduire nos malheureuses institutions républicaines ? Au socialisme. au collectivisme. plus que cela. à l'anarchie. à cette conception d'un pays où tous les liens sociaux seraient brisés. où les organisations seraient détruites. où la subordination et le concours réglé des efforts humains seraient à jamais annéantis. et où des forces individuelles effrénées pourraient se mouvoir dans l'espace illimité. avec la puissance de leurs instincts les plus sauvages... Nous répondions que ce cauchemar d'anarchie, jamais on ne le verrait réalisé dans une société humaine : que ce pouvait être le rêve de quelque cerveau malade, mais que ce rêve ne serait jamais la vérité. ni la réalité nulle part. Citoyens. nous nous trompions. L'anarchie. dans son désordre et dans son chaos. nous l'avons sous les yeux, et c'est l'autocratie russe qui nous en donne le spectacle... (*Applaudissements.*)

II. La désorganisation de la Russie.

En vérité on croit rêver quand on voit ce qui se passe. Et pourquoi cela se passe-t-il ? L'autocratie russe. cette monstruosité d'un passé impossible au milieu des institutions modernes. ne subsistait que pour une seule raison. la force brutale. La force brutale a disparu. elle a été écrasée dans la guerre que vous savez. Et tout a croulé et tout devait crouler.

Oui. la force brutale a croulé. Nous les avons vues. ces fameuses armées des autocraties ! Vous rappelez-vous le temps où les réactionnaires se demandaient si la force militaire nécessaire pour conserver la puissance d'une nation. était conciliable avec des institutions républicaines et démocratiques ? Nous pouvons nous demander. nous. si elle est conciliable avec les institutions théocratiques. Les Russes ont été battus sur terre: ils ont été battus sur mer: ils ont été battus sans avoir même la consolation de la plus petite revanche partielle : ils l'ont été dans des batailles où on a eu un spectacle absolument invraisemblable...

Je ne puis oublier (et j'en suis fier) que j'ai porté, comme ministre, un titre qu'aucun ministre n'avait porté avant moi : je n'avais pas droit au titre d'Excellence.

mon ami Doumer m'a décerné celui de « péril national ». (*Rires.*) J'ai été un péril national parce que, en particulier, je détruisais la discipline, parce que je la voulais républicaine, parce que je voulais que le chef qui commandait fût lui-même surveillé, qu'on écoutât les plaintes de ses soldats et de ses matelots ; qu'il ne pût jamais abuser du pouvoir terrible qui lui est conféré non pas pour son bon plaisir, pour son caprice, mais uniquement pour les besoins de la défense nationale. La discipline qu'on m'accusait de détruire, vous l'avez vue à Tsou-Shima, — celle que nos bons réactionnaires voudraient voir installer dans nos armées et dans nos flottes : vous l'avez vue dans les désastres russes. Vous avez eu à cet égard une flotte modèle : on y pendait les matelots aux vergues pour maintenir l'obéissance. Et quand on est arrivé devant l'ennemi on a eu ce spectacle extraordinaire de soldats qui ne voulaient pas défendre leur propre peau, qui avaient perdu le sentiment de la conservation personnelle, qui refusaient de se battre, qui préféraient couler le navire plutôt que de tirer sur l'ennemi. Voilà la discipline de l'autorité. (*Applaudissements.*)

Vous retrouvez à travers tous ces désastres le régime despotique. La Russie a péri comme force morale parce qu'elle était un pouvoir absolu. Pas de contrôle, pas de publicité, pas de presse libre, pas d'accusation possible contre les gouvernants et contre les fournisseurs. Donc, le vol, le vol partout, chonte. C'est pour le vol que la guerre est faite. Pas de matériel quand on est devant l'ennemi, par conséquent. (*Vifs applaudissements.*) Une aristocratie séparée du peuple, sans rapport avec le soldat, brave, héroïquement brave, mais ayant tous les vices des aristocraties, viveuse et fantaisiste. Pas plus d'officiers que de matériel. Et puis pas de classe moyenne. La classe moyenne. c'est elle qui fait les révolutions. c'est l'homme à demi instruit qui veut arriver plus haut et qui compromet les bons vieux principes. Pas de demi-instruits. pas d'intermédiaires entre le soldat ignorant et l'officier. donc pas de sous-officiers dans l'armée; et je viens de vous montrer comment quelquefois il n'y avait pas même de matelots avec les milliers d'hommes que l'on avait. Ce sont tous les vices des aristocraties que l'autocratie a payés par des défaites telles qu'on n'en avait peut-être jamais vu de semblables dans l'histoire.

Cette force, qui est la seule raison d'être des régimes despotiques. a disparu. anéantie dans des désastres sans précédent. La clé de voûte étant tombée, tout l'édifice s'est écroulé naturellement. Il ne tenait que par là, l'édifice du tsarisme; il s'est effondré et on n'en a plus vu que les débris. On est ainsi arrivé à cet état monstrueux dont nous ne connaissons qu'une partie. mais qui suffit pour qu'il nous semble être en présence d'un cauchemar qu'une imagination humaine n'aurait pu concevoir jusque-là.

Vous connaissez la situation de ce malheureux pays où tout est dissous; plus de poste. plus de télégraphe. plus de chemins de fer. plus d'usine qui marche. plus de fonctionnaires qui obéissent: et l'autocrate. l'homme tout-puissant. reste seul au milieu d'une société universellement dissoute. Je me trompe : il ne reste pas seul. Il y a quelque chose qui reste autour de lui. il reste autour de lui des mouchards et des cosaques. (*Applaudissements.*)

III. Les massacres.

Ah! les mouchards! Ah! les cosaques ! (*Rires*)...
Quand nous étudiions l'histoire. nous y voyions apparaître de loin en loin des cataclysmes. des fléaux singuliers. Il y a eu dans l'histoire des moments où les forces organisées qui préservaient les sociétés civilisées ont été

affaiblies et corrompues. Et alors, s'il y avait quelque part une réserve de sauvages qui avaient vécu jusque-là à part de l'humanité dans un rêve féroce de massacre et de destruction, ils se ruaient sur la civilisation sans trouver d'obstacle. Je ne parle pas des invasions des barbares civilisables, comme les Germains. Non, mais de temps à autre vous avez vu apparaître des hordes de démons, des chevauchées de ravageurs, qui laissaient la terre dévastée derrière eux et des incendies et des ruines. Ils s'appelaient les Huns, les Mongols, les Tartares. Nous croyions que l'humanité à l'heure actuelle ne pouvait plus jamais revoir cela. Nous le revoyons avec les cosaques, et c'est un souverain de l'Europe civilisée, c'est lui-même qui déchaîne sur son pays des hordes dignes des souvenirs des Huns, des Tartares et des Mongols. (*Applaudissements.*)

Les cosaques, nos pères croyaient les avoir connus en France. Vous vous rappelez les vieux souvenirs de terreur et d'horreur qu'avaient laissés dans nos campagnes ces mangeurs de chandelles, qui avaient pillé si longtemps notre malheureux pays. Nous ne les connaissions pas. Quand ils tapent sur les Russes ils sont singulièrement plus féroces que lorsqu'ils frappent sur les Français. Nous les voyons aujourd'hui et nous croyons rêver. Vous connaissez ces scènes odieuses, ces massacres qui se sont reproduits dans tant de villes de Russie. Ces sauvages étrangers dans leur propre pays qui tirent sans hésiter sur les femmes, sur les enfants, sur les vieillards, et qui font qu'il n'existe plus de l'ancienne puissance autocratique que les monceaux de cadavres qu'elle peut accumuler. Voilà le spectacle que nous avons.

Ce n'est pas tout, les cosaques eux-mêmes ne suffisent pas à l'autocratie; il lui faut mieux encore, et c'est dans les populations elles-mêmes qu'elle cherche des massacreurs. Nous avons eu ce spectacle inouï d'un gouvernement engageant ceux qu'il opprime à se ruer les uns sur les autres et à s'entre-tuer le plus possible. Vous le savez. Dans ces scènes odieuses du Caucase, où Tartares et Arméniens s'entre-massacraient tant qu'ils pouvaient, qui donc les excitait les uns contre les autres ? C'était l'homme qui devait empêcher ces odieux désordres. Si les rues étaient pleines de cadavres, c'est que c'était le gouvernement qui lançait les Tartares sur les Arméniens et les Arméniens sur les Tartares. Il en était de même dans ces massacres de juifs dans toute la Russie.

Ah ! nos antisémites on dû sentir leur cœur battre de joie dans leur poitrine, devant ces horreurs que sans doute ils rêvent pour la France, mais qu'ils n'auront pas en France ! (*Vifs applaudissements.*)

Vous avez vu ces scènes odieuses à Odessa et dans beaucoup d'autres villes : ce peuple se ruant sur les magasins, tuant, pillant : les vieillards percés de coups, les femmes éventrées, les enfants écrasés, du sang plein les rues, le spectacle de la barbarie la plus odieuse...

Qu'est-ce que cela ? C'est l'œuvre du gouvernement, lançant l'ignorance paysanne, lançant l'ignorance des misérables sur une race persécutée comme eux, avec laquelle ils auraient dû faire cause commune.

En vérité on est tenté de croire que le gouvernement russe est atteint de folie. Car enfin quel est donc l'intérêt d'un gouvernement quelconque, si ce n'est de faire de la masse d'hommes qu'il gouverne un tout uni, s'il veut créer de son État une puissance vis-à-vis de l'étranger ? Le premier devoir d'un gouvernement c'est d'avoir des citoyens ou des sujets qui veulent vivre ensemble d'une vie sociale commune, et n'est-ce pas une chose curieuse en même temps qu'abominable, de voir ce gouvernement russe qui démolit la Russie pièce à pièce, qui installe les divisions les plus profondes et qui jette dans le pays dont il prétend être le maître une semence de guerre civile qui le conduira fatalement à sa perte ?

Le véritable symbole de la Russie actuelle me paraît être ce malheureux cuirassé qu'on a vu si longtemps errer dans la mer Noire, désemparé, ne sachant pas ce qu'il allait faire, cuirassé qui n'avait que la révolte à son bord. Il me semble voir apparaître tout le vieux despotisme russe comme une grande accumulation de glaces stérilisantes. Vous savez ce qui arrive aux glaciers du Pôle Nord : il s'en détache des banquises. Quand le printemps fond un peu la glace, les glaciers vont errant à tous les hasards. Comme la banquise le vieux despotisme russe est porté de tous les côtés par les vents du hasard... ceux du despotisme lui-même et ceux de la révolution... Puisse cette situation ne pas se prolonger trop longtemps!

IV. L'impuissance du Tsar.

Mais, me direz-vous, il y a un homme qui pourrait mettre ordre à tout cela ; il y a un autocrate qui a le droit de donner des ordres ; il s'agit de son pays, de son pouvoir et de sa famille.

Théoriquement, par la loi actuelle, sa volonté n'a pas de limite ; elle peut probablement faire obéir ces hommes qui détruisent la Russie. Eh bien, que fait-il, cet autocrate, ce représentant de Dieu sur la terre?.. Ce qu'il fait? Il pleure dans un coin de son palais, — où on a des raisons de croire, quelquefois, qu'il est prisonnier et séquestré. *(Applaudissements.)*

C'est toute la philosophie de l'autocratie. On s'imaginerait que l'autocratie est une puissance sans égale. C'est la dernière des faiblesses gouvernementales! Voilà un homme qui croit n'avoir au-dessus de lui que Dieu. Il n'y a pas sur l'énorme espace qu'il gouverne, un être humain qu'il ne puisse envoyer en prison: il n'y a pas de tête qu'il ne puisse faire tomber, sans avoir à répondre de sa conduite. Mais cet homme ne peut exercer ce pouvoir monstrueux que par des séries indéfinies d'intermédiaires. Et quels sont ces intermédiaires ? Forcément les plus vils des hommes. Ce sont d'un coté des fonctionnaires qui abusent de l'arbitraire, qui veulent puiser dans les caisses du peuple ; ce sont de l'autre côté des mouchards c'est-à-dire ce que l'humanité connaît de plus méprisable. Les voilà, les instruments nécessaires par lesquels l'autocratie peut atteindre les populations courbées sous sa loi. (*Approbation.*)

Et que peut le despote ? Tout d'abord il ne sait rien ; qui est-ce qui l'éclairerait ? Il n'y a pas de presse libre dans son pays, et ses agents intermédiaires peuvent le tromper tant qu'il leur plait, sans qu'il ait aucun moyen de s'en apercevoir.

Et puis il y a encore une autre raison. Chacun de ces hommes a sa volonté propre à faire valoir. Le souverain ne saura jamais ce qu'il voudra, et sa volonté s'use sur des résistances sourdes et passives dont il ne peut venir à bout. Il n'est pas le maitre de sa propre autocratie, il en est le prisonnier, ou plutôt il en est l'esclave et le dernier des esclaves, sans y rien pouvoir ; il est condamné à l'impuissance.

Et voyez un peu l'histoire du tsar actuel. Il ne la voulait pas, cette guerre de Mandchourie : livré à lui-même il eût mieux aimé cette paix universelle qu'il se vantait d'établir : mais il avait dans sa famille des hommes qui la voulaient ; qui la voulaient, ce n'est pas un secret, on peut le dire, vous savez pourquoi : parce que faire la guerre c'est dépenser des milliards, dont une bonne partie leur resterait dans les mains ! (*Vifs applaudissements.*) Tout le monde sait que cela a été l'unique cause de la guerre de Mandchourie. C'est l'entourage du tsar qui a voulu la guerre. On lui disait : allez, ne vous gênez pas, vous le pouvez, le Japon reculera. On savait bien que le Japon ne reculerait pas, mais on avait les fournitures militaires.

On nous a raconté que de très grands personnages avaient imaginé de faire une chapelle en l'honneur de l'ancien tsar. Toute la Russie avait souscrit, il y avait des millions ; quand il s'est agi de poser une pierre de la chapelle on ne savait plus où étaient les millions ! (*Rires.*) Si la Russie a eu la guerre de Mandchourie, si son armée a été battue, si sa flotte a été détruite, si la Russie est aujourd'hui en pleine révolution, c'est pour cette unique cause que des gens qui ont encore l'influence dominante aujourd'hui, en avaient besoin pour continuer leur train de vie.

Et alors, quand on vole en haut, on vole à tous les degrés. Est-ce que vous croyez par hasard que le fournisseur qui donne un pot-de-vin va donner sa marchandise pour peu de chose ? Et il y a des intermédiaires, il y en a un grand nombre, et c'est ainsi que le trésor est au pillage, et que pour que le trésor soit au pillage il faut qu'un pays fasse la guerre, quoiqu'il n'en ait aucune envie et que peut-être il soit appelé à une perte prochaine.

Voilà quelle a été l'impuissance du tsarisme dans ces premières opérations ; et aujourd'hui, quelle est son impuissance, nous n'en savons rien, ni vous ni moi ; dans quelle mesure son action est-elle pour quelque chose dans la politique insensée que suit le gouvernement russe, personne ne peut le dire. Assurément, ce pouvoir autocratique est très redoutable et il peut être très efficace pour le bien et pour le mal quand il se trouve un de ces despotes qu'on voit apparaître de loin en loin dans l'histoire ; mais il faut pour cela qu'il soit entre les mains d'un véritable géant intellectuel doué d'une force colossale et assez vigoureux pour soulever cette énorme machine de la centralisation despotique. Mais quand l'homme est faible, quand l'homme est médiocre et dans les proportions ordinaires, alors une responsabilité terrible s'abat sur des épaules qui ne peuvent pas la soutenir ; le malheureux autocrate est le jouet de sa propre autocratie. Qui peut savoir son désespoir, ses craintes et ses épouvantements, qui peut savoir ses sombres vues d'avenir dans le cachot où, pour qu'il reste un tyran, le tiennent enfermés tous ceux qui ont besoin de sa tyrannie pour voler ? Et si demain — ce qui je l'espère ne se produira pas — on avait ce malheur de voir recourir à une

tentative criminelle contre lui, si demain il y avait un attentat contre le tsar de toutes les Russies, il ne pourrait pas
savoir lui-même si l'attentat vient de la Révolution, ou s'il
vient au contraire du parti opposé. (*Applaudissements.*)

V. Pas d'intervention étrangère.

Et maintenant, il ne resterait plus qu'une chose pour
couronner *les affreux malheurs de la Russie* : celle-là,
j'espère bien qu'on arrivera à l'empêcher : ce serait qu'il
y eût dans la Révolution russe une *intervention étrangère* :
ce serait que le tsar fît ce que fit Louis XVI autrefois, ce
serait que de même que la Russie, sous Nicolas, a été
étouffer la Révolution dans le pays voisin, on vit un autre
pays étouffer la Révolution russe.

Nous ne le verrons pas, citoyens, car alors, toute l'Europe
civilisée *se soulèverait*. Mais nous ne pouvons pas oublier le
spectacle que nous avons en ce moment en Europe : toute
l'Europe civilisée, on peut le dire, est unanime pour étouffer les vieux restes de sauvagerie qui subsistent encore, et
cependant on voit, on devine le même appui caché à l'heure
actuelle contre toute l'Europe civilisée derrière le fanatisme
turc et derrière l'autocratie russe. Eh bien non, l'Europe
civilisée ne supportera pas cela. (*Applaudissements.*) Il ne
sera pas dit qu'on essaiera d'étouffer la Révolution russe ;
non, il n'est pas possible qu'à notre époque on commette un
crime aussi abominable et j'aime à croire, moi qui n'ai aucune haine nationale, tout en ayant mes souvenirs, qu'on
ne verra pas cette suprême injure, qu'il n'y aura pas un
gouvernement qui pourra faire la suprême injure d'imposer
un rôle aussi odieux au grand pays de Kant, de Gœthe, de
Schiller et de Beethoven ! (*Nouveaux applaudissements.*)

VI. Concessions nécessaires.

Dans ces conditions, que restait-il à faire pour rendre, je puis le dire, la Russie à la civilisation ? Il n'y avait
qu'un moyen : c'était que le gouvernement comprît que la

vieille barbarie de l'autocratie moscovite était impossible dans notre siècle et qu'il se ralliât franchement aux libertés de la civilisation moderne. Cela semblait élémentaire et les avertissements ne lui manquaient assurément pas pour prendre ce parti décisif. Est-ce que les désastres de la guerre du Japon n'auraient pas pu lui apprendre l'impuissance de son vieux régime despotique ? Cet exemple terrible de l'histoire a été compris par la Russie tout entière ; il n'y a que le gouvernement qui ne l'a pas compris. A ce moment, il a essayé de résister, et puis, il s'est décidé aux concessions que vous savez : ces concessions, est-ce qu'elles peuvent rassurer personne ? Qui ne voit qu'on a marchandé pied à pied constamment : qui ne voit qu'on ne donne les choses qu'à mesure que l'opinion les arrache et encore long-temps après qu'elle les a arrachées, et qui ne soupçonne que celles mêmes qu'on accorde, on ne les accorde pas sans esprit de retour et qu'on essaierait immédiatement de les reprendre le jour où on se croirait assez fort pour le faire ?

Voilà le spectacle que nous avons, et véritablement est-ce que ce gouvernement russe ne nous paraît pas tout à fait fantastique ? Il y a une centaine d'années, quatre-vingt-dix ou quatre-vingt-quinze ans, il y avait en Russie un autocrate qui s'appelait Alexandre ; cet autocrate a fait la Sainte-Alliance, c'est vous dire que ce n'était pas un révolutionnaire. Eh bien, il avait accordé à la Pologne ce que M. Witte est en train de lui refuser pour le moment.

Est-ce que ce n'était pas un véritable défi qu'au moment même où on semblait accorder quelques libertés à la Russie, on mit l'état de siège en Pologne et qu'on lui refusât ses droits les plus élémentaires ? Mais c'est l'intérêt même de la Russie d'accorder à la Pologne ses droits : la Pologne est de sang slave, elle est donc sœur de la Russie ; si on lui donne l'existence nationale, elle ne demandera pas mieux que d'appartenir à l'empire russe, alors qu'à ses portes elle a une autre Pologne, la Pologne prussienne ou allemande où l'on rêve d'exterminer la Révolution ; et c'est précisément pour cela que M. Witte, serviteur de l'étranger, a, sur les ordres d'un voisin, refusé d'établir la comparaison de la Pologne libérée à la Pologne asservie.

Et puis enfin, rappelez-vous ce qu'on pouvait lire dans les journaux pas plus tard que ce matin. On demandait à M. Witte de rouvrir les universités... Ah ! mais non, a-t-il dit, ce serait déchaîner la Révolution... (*Rires.*)

Quel peut être le pays assez malheureux pour que l'instruction, la civilisation soit pour lui inséparable de la Révolution, pour qu'il avoue ainsi qu'il a besoin de l'ignorance pour gouverner, pour qu'il impose ainsi l'obscurité, la nuit à ses populations et pour qu'il se dégrade au point de considérer fatalement les universités, l'enseignement comme son ennemi naturel avec lequel il lui faudra compter ! (*Applaudissements.*)

VII. L'alliance franco-russe.

Citoyens, nous avons à nous préoccuper de ce qui se passe là-bas ; nous en avons des raisons multiples et je crois que nous serions bien fous si nous nous en désintéressions. Tout d'abord, nous sommes les alliés de la Russie et vous savez que la question s'est posée récemment à la Chambre. La droite avait été furieuse du langage tenu par Marcel Sembat. M. le Président du Conseil a tenu à intervenir lui-même et je dois dire que tous ont applaudi à son langage : il a admirablement défini la situation : « Nous restons les amis et les alliés de la nation russe. » Voilà où est la vérité. (*Applaudissements.*) Elle peut être faible à l'heure actuelle ; elle peut être impuissante à nous apporter aucun secours militaire ; elle peut être dépourvue des armes redoutables qu'elle avait naguère ; elle peut être malheureuse ; cela ne change rien aux sentiments que nous avons éprouvés pour elle quand elle était forte, puissante et qu'elle pouvait hautement élever la voix en Europe. Nous sommes les amis et les alliés de la nation russe. C'est pour cela que nous ne pouvons être les amis de son gouvernement que dans la mesure compatible avec cette première affirmation. (*Applaudissements.*)

Citoyens, les alliés... Eh! oui, il vous en souvient, il est venu un jour où un tsar, plus éclairé peut-être que son successeur, a senti que les deux nations pouvaient marcher ensemble et a pris l'initiative de l'alliance russe... Ce qui n'a pas empêché une trentaine d'hommes d'Etat, et même de non-hommes d'Etat de se prétendre tous depuis les véritables pères de l'alliance russe, alors qu'ils ne soupçonnaient rien, absolument rien, la veille du jour où à la surprise de tout le monde le tsar a levé son verrre à la République française et a fait jouer la *Marseillaise.*

Eh bien! il faut bien le dire, cette alliance n'a pas donné tous les résultats que nous étions en droit d'en attendre. Oh! elle a donné un premier résultat à la France: c'est que nos compatriotes ont eu le plaisir de prendre beaucoup d'emprunt russe sous toutes les formes...(*Rires.*) Mais quand nous avons attendu la contre-partie, nous ne l'avons pas positivement vue venir. Vous savez entre autres questions que parce qu'il avait plu à la Russie de démentir toute sa vieille politique, elle nous a obligés à laisser massacrer les chrétiens en Turquie sans dire un mot sérieux ; et vous savez que je ne suis pas pour le protectorat des catholiques, je n'y tiens pas beaucoup... (*Rires.*) Quand il s'agit de les protéger, je n'en suis pas; mais il y avait là un devoir d'humanité et un devoir d'honneur pour la France : la France a manqué à l'humanité et à l'honneur, et c'est la Russie, qui partageait ces devoirs avec elle, qui l'y a fait manquer.

Nous avons fait, à la remorque de la Russie, une politique qui n'était guère conforme aux intérêts de la France; mais enfin, nous avions les titres russes, nous en avions à ce moment pour une somme bien supérieure à celle pour laquelle nous en avons aujourd'hui; mais ce n'est pas que nous les ayons vendus, c'est tout simplement

parce qu'ils valent moins que ce qu'ils valaient... (*Rires.*)
Bien entendu, c'était un placement sûr parce que c'était un
placement fait sur un gouvernement solide et bien réac-
tionnaire, et bien autoritaire. A ce sujet, j'ai entendu racon-
ter l'histoire d'un homme très illustre dont je ne veux pas
citer le nom : c'était un homme qui avait eu des idées très
hardies pendant tout le temps de l'Empire, mais qui avait
été épouvanté pendant le spectacle de la Commune et alors,
comme il avait une petite somme à lui, il avait voulu la
placer en philosophe, en historien, en homme qui a des
données sûres et positives sur l'ensemble de l'humanité ;
pour garantir son placement et comme il craignait la Révolution, il avait cherché un gouvernement à qui il pût prêter
avec quelque sécurité. Eh bien, pour cet homme qui était
éminent dans la philosophie, dans l'histoire, de la France il
n'était pas question ; en Angleterre, il y a des libertés effrénées ; en Espagne, des guerres civiles continuelles ; en Ita-
lie, la Révolution ; même en Allemagne, un parti socialiste
très fort ; en Russie, il y a les nihilistes ; bref, avec sa philosophie de l'histoire, il n'avait trouvé que la Turquie qui
lui donnât toutes les garanties nécessaires ; en sorte qu'il a
pris de l'emprunt turc et qu'il a perdu... (*Rires.*)

Voilà qui enseigne à ne pas mêler aux placements
les sentiments conservateurs ; nous les avons mêlés et je le
regrette un peu pour la Russie même, parce que le premier
usage qu'elle a fait de notre argent, c'est de nous tourner le
dos avec les millions que nous lui avions donnés. Vous
savez pourquoi avait été faite l'Alliance russe : on craignait
les visées ambitieuses de quelques puissances du centre de
l'Europe ; on voulait maintenir la paix et c'est pour cela
qu'on avait fait l'alliance russe, qui, en effet, reposait sur la
nature même des choses, puisqu'il y avait là un intérêt
commun de vie et de mort en quelque sorte entre les deux
puissances. Et alors, quand nous donnions des millions à
la Russie, nous disions : à la bonne heure, nous l'armons
de telle sorte qu'elle sera plus puissante pour nous garantir ; or, elle s'est servie précisément de ces millions pour

transporter toutes ses forces dans son aventure d'Extrème-Orient. Aussitôt qu'elle put construire des cuirassés en nombre suffisant, elle a pris ceux qui étaient dans la Baltique, elle les a joints à ses nouveaux cuirassés et les a envoyés en Extrème-Orient; elle y a envoyé ses troupes en disant : « J'ai la France en Europe contre mon voisin, cela me suffit, et je vais aller courir les aventures en Extrème-Orient, en Mandchourie »: de sorte que ce sont nos emprunts qui ont été à l'origine de la politique folle qui a perdu la Russie: nous lui avons donné de l'argent pour se perdre elle-même.

VIII. Ce que la France doit exiger.

J'ai toujours cru que peut-être nos diplomates n'avaient pas joué le rôle qu'ils auraient pu jouer en cette occasion : je soupçonne le ministre des Affaires étrangères en France d'avoir été très ébloui de l'honneur que lui faisait le tsar en le traitant en ami, d'avoir été beaucoup trop modeste pour ce grand pays qui s'appelle la France, la plus haute personne morale du monde, disait Gambetta, qui n'est pas faite pour s'instituer la servante d'aucune grande monarchie et d'avoir eu surtout des illusions extraordinaires.

Ce n'est un secret pour personne, et je ne trahis pas les mystères d'aucun conseil particulier en vous rappelant que nous avons eu des ministres pour lesquels le Japon devait être écrasé immédiatement, dès qu'il serait en face d'un seul soldat russe... (*Rires*), et c'est ainsi qu'on a laissé faire la politique la plus folle, qui nous a privés de nos plus précieuses garanties de paix en Europe.

Quoi qu'il en soit à ce point de vue, comme alliés, nous avons, ce me semble, le droit d'élever la voix, de dire que des milliards de l'épargne française reposent sur la tranquillité de la Russie, qu'il est temps qu'elle revienne à un état normal et qu'elle ne peut y revenir que si l'on se décide à y fonder pour de bon des libertés sérieuses. Nous

avons le droit de le dire au nom de l'épargne française que
nous avons donnée à nos alliés, et nous avons le droit de le
dire aussi au point de vue de l'alliance même. Nos intérêts
étroits de nation doivent nous faire, je ne dis pas exiger,
mais demander que la nation russe ait des droits sérieux :
tant qu'on n'est que l'allié d'un autocrate, on n'est jamais
sûr de rien. Nous avons vu un tsar venir au-devant de la
France avec une effusion de sentiments touchante, et nous
en avons vu un autre qui ne se bornait pas à aller à Cron-
stadt ; c'était un autre souverain vers lequel il allait, et il y a
eu un moment où on a pu se demander de quel côté était
le sentiment du monde gouvernemental russe et de quel
côté serait son action le jour où peut-être l'existence de la
France serait en jeu.

Rien n'est solide quand tout repose sur le caprice
d'un homme : la garantie que nous pouvons demander à
la Russie pour que nous sentions l'alliance solide, c'est que
rien ne dépende du caprice d'un homme, c'est que la
nation russe soit maîtresse de ses propres destinées, et
alors nous n'aurons pas à craindre de manque de foi et
nous pourrons faire fond sur la fidélité à l'amitié française,
de ce grand peuple avec lequel nous avons des liens étroits
de fraternité, de sympathie, liens que des libertés nouvelles ne peuvent que rendre plus intimes et plus forts.

Nous avons donc le droit de parler au nom des intérêts de la France, et je crois que nous avons donné un beau
prix pour ce droit de parler, puisqu'il a atteint quelques
milliards. Peut-être prétendra-t-on que nous sommes
très indiscrets en rappelant la somme que nous avons pla-
cée sur l'avenir de la Russie ; mais à ce point de vue des
intérêts matériels, il nous semble que notre gouvernement
a quelque chose à dire.

Et voyons un peu : est-ce que vous ne vous rappelez pas des occasions où on est intervenu pour des questions d'argent beaucoup moindres et beaucoup plus lou-
ches ?... Ah ! citoyens, en ce genre d'affaires on croit

toujours devoir agir et ces intérêts nous sont encore plus sacrés même que la protection des moines en Orient, quand il s'agit de la protection des bourses et de l'argent qu'on a donné: et vous vous rappelez que notre grande France a un peu rougi le jour où un de nos ambassadeurs les plus éminents a pris avec tant d'ardeur la défense de créances qui passaient pour véreuses et que nous avons dû déplacer nos cuirassés pour aller les faire payer.

Eh bien, notre créance de deux milliards sur la Russie n'est pas véreuse, elle, et si nous voulons la faire valoir, non pas contre la Russie, mais pour elle, pour qu'on lui rende la tranquillité et qu'on la rende au cours pacifique de ses destinées, je crois que nous en avons un peu le droit.

Mais vous entendez bien que si je rappelle cela, c'est surtout pour tenir le langage des hommes d'État sérieux, des hommes d'État pratiques, mais que ce n'est pas pour moi la considération maîtresse. Nous avons deux autres considérations maîtresses : c'est d'abord l'intérêt commun de toute l'Europe civilisée, c'est ensuite le grand intérêt d'humanité qui commande impérieusement d'arrêter les horreurs dont nous sommes les témoins.

IX. Ce que l'humanité exige.

L'intérêt de toute l'Europe civilisée... Ah ! citoyens, est-ce que vous croyez qu'on pourra impunément, pour ces intérêts matériels et moraux, laisser subsister le bouleversement horrible de l'immense monde russe ? Voyez tout ce que cela fait de ruines, d'interruptions de commerce, de danger pour les nationaux de tous les pays qui sont là : voyez aussi ce que peut faire cet esprit de rage et de guerre civile qui risque de passer par-dessus les frontières, qui risque de répandre son explosion au loin... Non, il ne faut pas que ce spectacle dure, il ne le faut pas pour les pays civilisés qui entourent la Russie, pas plus que pour la Russie elle-même ; et toute l'Europe civilisée a le droit de dire au tsarisme : Il faut que cela finisse, cela ne peut pas continuer. il ne faut pas que la lutte enragée d'un gouvernement qui est mort, mort depuis longtemps dans son principe, qui ne subsiste plus que comme une monstruosité historique, risque de soulever l'Europe entière et de lui infliger des pertes et des désastres qui seraient peut-être irréparables. (*Applaudissements.*)

Et puis. avant tout, nous parlons au nom de l'humanité tout entière : non. l'humanité moderne ne peut pas impunément permettre, quelque part que ce soit. les horreurs dont nous sommes les témoins : elle doit être tout entière liguée contre tous les retours de la barbarie : les sanglots, les gémissements. les cris d'agonie qui nous arrivent de là-bas ne peuvent rester sans écho dans aucun des pays modernes ; ils ne peuvent rester sans écho moins encore que partout ailleurs dans cette grande France qui a toujours été la protectrice de tous les droits humains opprimés. (*Applaudissements.*)

Ah ! je sais bien qu'on nous a raconté longtemps que c'était là une politique de duperie. une politique impraticable. et que de grands hommes d'Etat se sont sentis pleins de mépris pour ce qu'ils appellent le Don Quichottisme de la France.

Citoyens. cette politique largement humaine a fait la France plus grande au dehors que ne le font les habiletés de la politique qui a triomphé depuis. Si nous avons été forts dans le monde. c'est à cause des innombrables espérances d'opprimés qui regardaient de notre côté. et l'on veut faire une politique vraiment pratique. non seulement en France. mais dans le monde. il faut la baser sur cette magnifique parole que votre président vous rappelait tout à l'heure. la plus française peut-être des paroles latines qui aient jamais été prononcées : *homo sum et nihil humani a me alienum puto.* Je suis homme et je ne crois pas que rien d'humain me soit étranger...

Oui, citoyens, c'est pour cela que nous sommes réunis ici, comme on a toujours été réunis en France quand il fallait faire entendre la voix de la justice à tous les oppresseurs, quelque part qu'ils fussent. (*Applaudissements.*) Et nous ne serons pas les seuls, car ce n'est pas en vain qu'on blesse la conscience humaine : la conscience humaine aujourd'hui est une force, elle est plus forte que les gros bataillons qui sont souvent vaincus, tandis qu'elle a toujours le dernier mot.

Nous devons nous en souvenir. Voilà pourquoi sur tous les points de la France nous faisons ces réunions, pour en appeler au génie français contre les barbaries qui se passent là-bas. C'est en votre nom à tous, n'est-ce pas, citoyens, que nous devons élever la voix ? Et le cri formidable qui sortira de toutes les nations civilisées sera plus fort que l'esprit de recul et de férocité par lequel l'autocratie russe court à l'abime qui l'engloutirait, mais qui engloutirait avec elle nos espérances. (*Applaudissements prolongés.*)

Discours de Ferdinand BUISSON

Citoyennes et Citoyens,

Comme vous le pensez bien, après avoir entendu ces paroles qui vous ont émus jusqu'au fond de l'âme, chacun de nous ne désire que les méditer, y réfléchir et en faire son profit.

Je manquerais, et vous ne me le pardonneriez pas, à tous mes devoirs, si je laissais se terminer cette séance, d'une si profonde instruction, sans remercier en votre nom l'homme qui a pris la peine de vous faire un si puissant exposé, un si saisissant tableau du plus grand des problèmes qui puissent être présentés en ce moment-ci à la conscience française et à la conscience humaine. C'est en votre nom à tous que je le remercie d'avoir compté, non seulement sur votre attention la plus scrupuleuse, mais sur la passion avec laquelle vous suivriez, jusque dans leur affreux détail, toutes ces péripéties dont il vous a tiré des leçons si hautes et si grandes.

Et nous, au moment de nous séparer et de réfléchir aux idées si nombreuses qui se pressent en foule dans notre pensée, après l'avoir entendu, qu'il nous soit permis de dégager au moins une espérance.

Le citoyen Camille Pelletan nous a montré la Russie en proie à des terreurs, à des abominations, à des destructions, à des désordres matériels, moraux, sociaux, dont nous ne pouvons pas mesurer la portée. Il nous a montré ce pays souffrant une sorte d'agonie, dont nous ne pouvons pas savoir comment il sortira.

Vous rappelez-vous ce qu'on nous disait il y a quelques années, au moment où fut cimentée l'alliance russe ? On nous disait : eh bien, c'est naturel, c'est un intérêt, une question d'intérêt, c'est une association d'intérêts. La république et le tsar, cela ne va pas très bien ensemble. ce sont à peu près les deux extrêmes, c'est l'autocratie dans ce qu'elle a de plus pur. avec la démocratie. Eh bien c'est égal, prenons-en notre parti. acceptons cela, et probablement il en sortira quelque bien tout de même.... Voilà que les événements. avec une rapidité tragique que personne n'aurait pu prévoir. renversent tous les termes du problème ; voilà que cette nation amie et alliée, cette nation elle-même ne peut plus supporter le tsarisme : c'est cette nation qui, après avoir subi des désastres sans nom, dont si cruellement Pelletan vous a montré les causes profondes et honteuses. c'est cette nation qui n'avait pas d'éducation préalable, qui n'a jamais eu un 89, cette nation qui n'avait pas d'instruction même élémentaire. cette nation qui en est encore à en appeler à son tsar comme à un père bienveillant dont elle ne veut pas douter,   c'est cette nation qui en est réduite aux dernières extrémités. je ne dirai pas seulement à la révolution, mais à des atrocités, à la résistance à tout prix. contre une barbarie sans nom.

Que va-t-il en sortir ? Espérons : nous ne sommes pas prophètes. et moins que personne je voudrais me permettre de porter des pronostics sur des événements si considérables qui échappent aux prévisions humaines. Mais espérons qu'il en sortira pour la Russie ce qu'il en est sorti pour la France. quand. après des siècles de souffrances et d'oppression. elle a eu un jour ce sublime courage et cette naïveté téméraire d'oser proclamer. à la face du monde entier. à elle toute seule. la Déclaration des Droits de l'Homme et du Citoyen. qui s'écrit en ce moment. hélas ! avec le sang. en Russie. (*Applaudissements.*)

C'est cette déclaration qui. là-bas comme ici, suscitera tout un peuple d'hommes libres qui ne seront plus des soldats et des sujets. mais qui seront des citoyens désireux de soutenir au prix de leur vie les libertés nouvelles conquises.

Voilà notre espérance et voilà comment l'histoire apporte d'imprévus spectacles et des bouleversements que les plus habiles diplomates n'auraient jamais pu supposer. Voilà que cette alliance de la République française avec le tsar de toutes les Russies, alliance contre nature, va se transformer en une alliance fraternelle et naturelle entre les deux plus grandes Républiques d'Europe, entre les deux révolutions... C'est un rêve peut-être : ces rêves-là finissent toujours par se réaliser. L'utopie d'hier (et on n'eût pas même admis hier que ce fût une utopie), peut être la réalisation de demain. Dans tous les cas, nous, républicains français, nous qui savons ce que c'est que la Révolution, nous qui savons que la Révolution, commencée en 89, je dis commencée, car elle se continue tous les jours, elle n'est pas finie,... nous qui le savons, nous saluons à l'extrême-orient de l'Europe, nous saluons la même Révolution avec un espoir peut-être chimérique, plus chimérique que les autres, et qu'il n'est pas certain cependant que nous ne verrons pas se réaliser prochainement, avec l'espoir que le 89 de la Russie, venant tard après le nôtre, dépassera le nôtre, et que la Révolution qui se fait en ce moment ne sera pas seulement politique, mais sera aussi la Révolution sociale dans ce qu'elle a de bon et de grand. (*Applaudissements prolongés.*)

Si nous nous laissons enlever à ces hauteurs et transporter sur ces cimes à la parole enflammée de Pelletan, il nous le pardonnera, c'est lui-même qui a excité en nous toutes ces grandes ambitions et ces grandes espérances en nous rappelant ce qu'a été ce peuple, ce qu'il a souffert, ce qu'il souffre encore, et en nous rappelant que, pour lui comme pour notre vieux peuple de France, il n'y a qu'une solution : la liberté et la République.

On me fait passer un ordre du jour que je vais avoir l'honneur de vous lire :

Ordre du jour.

Les deux mille citoyens réunis au *Palais du Travail*, sous la présidence du citoyen Ferdinand Buisson, après avoir entendu le citoyen Camille Pelletan sur la Révolution en Russie, flétrissent les tentatives de contre-révolution sanglante, qu'elles viennent de l'étranger ou de la bureaucratie, se déclarent solidaires de la nation amie et alliée, d'elle seule, et ne veulent rester les amis du gouvernement russe que dans la mesure compatible avec cette première amitié.

(Adopté. Vifs applaudissements.)

TABLE DES MATIÈRES

Paris — Imprimerie L. POCHY, 125, rue Vieille du Temple. — Tél. 970-56

www.ingramcontent.com/pod-product-compliance
Lightning Source LLC
LaVergne TN
LVHW021700170726
843501LV00007B/2647